G plus G
Prague 1998 Praha

LIVING THROUGH IT TWICE
Poems of the Romany Holocaust (1940-1997)

DVAKRÁT TÍM SAMÝM
Básně o romském holocaustu (1940-1997)

■

Paul Polansky

For the victims of Lety,
and the survivors who
didn't take revenge,
nor remain silent.

Letským obětem
a všem, kteří přežili
a nepomstili se,
ale ani nemlčeli.

ACKNOWLEDGMENTS

This book would not have been possible
without the support of these people:
Lubomír Zubák who helped me find
the Lety survivors; Gwendolyn Albert who
encouraged me to publish these poems;
Miluš Kotišová who dedicated
herself to this translation; and
Fedor Gál who believes in the Romany cause
and has the courage to publish their voices
and mine.

PODĚKOVÁNÍ

Tato kniha by nevznikla
bez podpory těchto lidí:
Lubomíra Zubáka, který mi pomohl najít
bývalé letské vězně; Gwendolyn Albert,
která mě povzbudila k tomu, abych
tyto básně vydal; Miluš Kotišové,
která sbírku přeložila;
a Fedoru Gálovi, který stojí při Romech
a má odvahu otisknout jejich hlasy
i hlas můj.

INTRODUCTION

A few years ago in Třeboň State Archive, Paul Polansky stumbled across the documents of the concentration camp for Romany and Sinti in Lety by Písek. Shocked, he set out to search on his own for those who had survived. He found more than sixty of them. Since then he has learned to understand our Roma, comprehend their tragic fates, and has experienced their world. Thus he accomplished something a great majority of us is incapable of after centuries of cohabitation.

Also because of this he was tainted with the reputation of a scandal-monger. I have heard an abundance of disparaging remarks against him from a renowned historian, the Office of the President of our country, and the Council for Nationalities. Today, I know Polansky well enough to be able to say, he is a tough fellow, who has plunged himself into the Romany issue not as an opportunist but out of a feeling of kinship. The poems in his book *Living Through It Twice* are exempt from any shallow soul-searching. There is nothing to philosophize about the Romany's lot. These people are suffering and Polansky speaks about their suffering without platitudes and without an intellectual aloofness. One can feel from every single line this is his suffering as well and he has no intention of being content with just words.

Welcome to Bohemia, Paul.

Fedor Gál
(Prague, January 1998)

ÚVOD

Paul Polansky objavil pred rokmi v Třeboni viac-menej náhodne archív koncentračného tábora pre Rómov a Sintov v Letoch pri Písku. Šokovaný začal na vlastnú päsť pátrať po tých, čo prežili. Našiel ich vyše šesťdesiat. Naučil sa našim Rómom rozumieť, prenikol do ich pohnutých osudov, precítil ich svet. Dokázal teda to, čo drvivá väčšina z nás nevie ani po stáročiach spolužitia.

Aj preto si vyslúžil povesť škandalistu. Počul som na jeho adresu viacero odsudzujúcich poznámok od renomovaného historika, z Kancelárie prezidenta či z Rady pre národnosti. Dnes poznám Polanskyho dosť dobre na to, aby som mohol povedať: Je to rázny chlap, ktorý prepadol rómskej téme nie z konjunkturálnych záujmov, ale z pocitu spolupatričnosti. Básne jeho knihy *Dvakrát tím samým* sú zbavené akéhokoľvek prázdneho sebaspytovania. O rómskom údele niet čo meditovať. Títo ľudia trpia a Polansky o ich utrpení hovorí bez floskulí či intelektuálskeho nadhľadu. Z každého riadku cítiť, že je to aj jeho utrpenie a že sa s ním nemieni zmieriť iba spisovaním textov.

Vitaj v Čechách, Paul.

Fedor Gál
(Praha, január 1998)

POSTCARD FROM PRAGUE

While I'm sitting at a cafe table
writing postcards home from Prague
a Gypsy boy comes over.

He can't be older than eight. His dark
skin and shiny black hair reminds me
of our Native Americans. No wonder
Columbus called them Indians.

A policeman on the corner nods to
two skinheads in leather jackets.
The silver rings in their ears
don't shine in the sun.

They chase the Gypsy down a side street.
He heads for the river, as if he were a
deer chased by wild, mad dogs, their
brains turning into froth.

Czechs and Germans sitting at the
other tables cheer. The policeman
smiles back, his thumb in the air like
a flagpole – rigid, stern, correct.

During President Havel's reign, over
2,000 Gypsies have been attacked by
Czech skinheads.

POHLEDNICE Z PRAHY

Jak tak sedím u stolku v kavárně
a píšu domů pohledy z Prahy,
přijde ke mně cikánský klučina.

Jistě mu není víc jak osm. Tmavá
kůže a lesklé černé vlasy mi připomínají
naše domorodé Američany. Není divu,
že Kolumbus nazval je indiány.

Policista na rohu kývne na
dva skiny v kožených bundách.
Stříbrné kroužky v uších
se jim na slunci nelesknou.

Ženou cikáně postranní uličkou.
To zamíří k řece jak jelen štvaný
zuřivými, šílenými psy, kterým
se mozky mění v pěnu.

Češi a Němci usazení u zbylých stolků
je povzbuzují. Policista jim vrací
úsměv, jeho palec trčí ve vzduchu jak
vlajkový stožár – strnulý, strohý, korektní.

Během vlády prezidenta Havla
bylo napadeno českými skiny
přes 2 000 cikánů.

Before leaving for an official visit to Auschwitz, Havel told Prague radio he still doesn't understand how the Holocaust could have happened in Europe.

Před odjezdem na oficiální
návštěvu Osvětimi řekl Havel
stanici Praha, že pořád nechápe,
jak mohlo v Evropě
dojít k holocaustu.

WHERE?

I heard the Czechs had
a work camp for Gypsies.

I heard most of my people
died there during WW II.

I heard they were starved to
death, or shot trying to escape.

Lety by Písek?

I never heard of the place.

KDE?

Slyšel jsem, že Češi měli
pracovní tábor pro cikány.

Slyšel jsem, že většina našich
tam během druhé světové zemřela.

Slyšel jsem, že je vyhladověli
k smrti nebo zastřelili na útěku.

Lety u Písku?

V životě jsem o nich neslyšel.

WORK WE COULDN'T REFUSE

One morning the Czech police
arrived and said
we had to come with them.

They were taking us away
to work on a farm
where we could make some money.

While we loaded up our wagons,
they told us we could come back
in about three months.

My father and his brothers
hitched up our horses while
mother folded the bed linen.

The police escorted us
from village to village,
never allowing us to stop.

The trip took about three days.
The horses couldn't rest either.
We couldn't even stop to feed them.

At Mirovice the camp guards
came from Lety and
escorted us on their motorcycles.

From behind the barbed wire
we watched them auction off
all our things to the villagers.

PRÁCE, KTEROU JSME NEMOHLI ODMÍTNOUT

Jednoho rána přijeli
čeští četníci a řekli,
že musíme jet s nimi.

Odvezou prý nás
za prací na nějaký statek,
kde si můžeme vydělat peníze.

Zatímco jsme nakládali do vozů,
řekli nám, že budeme zpátky
tak za tři měsíce.

Můj táta a jeho bratři
zapřáhli koně a mezitím
máma poskládala ložní prádlo.

V doprovodu četníků jsme
jeli z vesnice do vesnice
bez jediné zastávky.

Cesta trvala snad tři dny.
Ani koně si nemohli odpočinout.
Nemohli jsme ani zastavit a nakrmit je.

V Mirošovicích pro nás přijeli
dozorci tábora z Letů a
doprovodili nás na motocyklech.

Za ostnatým drátem
jsme se dívali, jak rozprodávají
všechny naše věci vesničanům.

The guards kept our wagons
to haul the dead bodies
to the cemetery.

When there was no more room
my father and his brothers
dug the graves in the forest.

Vozy si dozorci nechali
na odvážení mrtvol
na hřbitov.

Když už nebylo kde,
táta a jeho bratři
vykopali hroby v lese.

A CHILD'S JOB

Everyone at Lety had to work,
even us children.

Every morning we were
taken to the forest
to pick up dry wood.

We had to stack this wood
next to the dead bodies
so they could be burned.

Behind the camp a deep
trench was dug so
when Gypsies escaped
they would fall in.

If a prisoner was found
in the trench he was shot.
Then we had to bring wood
to burn his body too.

We also had to bring wood
to burn the naked bodies
of the women the guards used,
and those who died of typhus,
and those the guards drowned
in the rain barrel and in the lake.

DĚTSKÁ PRÁCE

V Letech musel pracovat každý,
dokonce i my, děti.

Každé ráno nás
odvezli do lesa
na sběr klestí.

Klestí jsme musely složit
k mrtvolám,
aby se mohly spálit.

Za táborem byl vykopaný
hluboký příkop, to proto,
aby do něj cikáni
padali při útěku.

Když v příkopu našli
vězně, zastřelili ho.
Pak jsme musely snosit klestí
a spálit i jeho tělo.

Taky jsme musely nosit klestí
a spalovat nahá těla
žen, které dozorci zneužili,
a těla těch, co umřeli na tyfus,
a těch, co dozorci utopili
v sudu na dešťovou vodu a v jezírku.

When children got sick
the doctor gave them
an injection over the
heart, and we had to
burn their bodies too.

I remember when I had
to bring kindling
to burn the body
of my baby brother.

I gave him my bread,
but it wasn't enough.

Když se děti rozstonaly,
doktor jim píchnul
injekci těsně nad
srdce a my musely
spálit i jejich tělíčka.

Pamatuju si, jak jsem
musel přinést chrastí
a spálit tělo
svého bratříčka.

Dal jsem mu svůj chleba,
ale to nestačilo.

THE CAMP DOCTORS AND A GOOD GUARD

After we started to have problems with our stomachs, four doctors came to help us.

We were leaking blood from our noses so they gave us injections just above our heart.

People died very quickly after those injections. Those who survived walked funny for six weeks.

A good policeman tried to help the old people. He gave them garlic to rub on for protection.

The old people say he was a Romany. He knew our ways. That's why the doctors killed him too.

DOKTOŘI V TÁBOŘE
A HODNÝ DOZORCE

Když jsme začali mít břišní potíže,
ujali se nás čtyři doktoři.

Krváceli jsme z nosu, a tak nám
píchli injekci těsně nad srdce.

Lidi po těchhle injekcích umírali hodně rychle.
Ti, co přežili, chodili divně ještě šest týdnů.

Jeden hodný četník se snažil pomoct těm starším.
Dával jim na ochranu česnek na pomazání.

Staří tvrdí, že byl Rom. Znal naše
zvyky. Proto doktoři zabili i jeho.

ČERNÝ, PEŠEK AND HEJDUK

I am certain that Černý, Pešek
and Hejduk must still be alive.

I don't understand why they have
never been brought to trial.

They killed and tortured people.
It was their personal decision.

The Germans weren't there to make
them do these things to us.

These men were Czechs. Why did
they do these things to us?

Is there no justice? I can testify.
I can recognize them for sure.

Of course, I am afraid someone will
kill me. They probably have sons.

I am sure I can recognize them even
at midnight. I would like to see them.

I would like to tell them something
before I die, before they die.

ČERNÝ, PEŠEK A HEJDUK

Vím jistě, že Černý, Pešek
a Hejduk musí být ještě naživu.

Nechápu, proč je nikdy
nepostavili před soud.

Zabíjeli a mučili lidi.
Rozhodli se pro to sami.

Tam Němci nebyli a nenutili
je tohle nám dělat.

Tihle muži byli Češi. Proč
nám tohle dělali?

Kde je nějaká spravedlnost? Já
můžu svědčit. Poznám je bezpečně.

Samozřejmě, bojím se, že mě někdo
zabije. Pravděpodobně mají syny.

Vím jistě, že je poznám i
o půlnoci. Chtěla bych je vidět.

Chtěla bych jim něco říct,
než umřu, než umřou.

JOSEF HEJDUK

I had to make the fire
in Hejduk's office every
morning while he made the
rounds looking for victims.

He picked up young boys
and young girls, then took
them to his office to beat
them with his truncheon.

On many occasions those
kids covered me in blood.
When Hejduk saw me crying
he sent me for coffee.

Later I had to come back
to wash up all the blood.
I never saw any of those
young people again.

Hejduk told me that I wasn't
to say anything about this.
If I did he would beat my
brains out, or shoot me.

JOSEF HEJDUK

Ráno co ráno jsem musela
v Hejdukově kanceláři
rozdělat oheň, zatímco
on byl na pochůzce
vyhlížet si oběti.

Vybral si malé kluky
a děvčata, ty pak s sebou
odvedl do kanceláře a mlátil
je obuškem.

Kolikrát mě
ta děcka postříkala krví.
Když mne Hejduk viděl plakat,
poslal mě pro kafe.

Později jsem se musela vrátit
a všechnu tu krev smýt.
Vícekrát jsem žádného z těch
mladých neviděla.

Hejduk mi řekl, abych o tom
žádnému neříkala. Jestli
to udělám, vytluče mi
mozek z hlavy nebo mě zastřelí.

HOW MANY?

How many Gypsies
were at Lety?

So many we were
always touching
when we were
in the streets
after work.

I don't want to lie.
I can't estimate a number.
I can just say that
Lety was a small city.

After the injections,
we buried over 2,000 bodies
in the woods. Then there
was typhus, shootings,
starvation, drownings.

I would like to
light a candle for
each person who died,
at least for the children.

But where could I buy
so many candles?

KOLIK?

Kolik bylo
v Letech cikánů?

Tolik, že jsme
si dýchali na krk,
když jsme šli
po práci
ulicí.

Nechci lhát.
Nedokážu odhadnout počet.
Můžu jenom říct, že
Lety bylo městečko.

Po injekcích
jsme pohřbili v lese
přes 2000 těl. K tomu
tyfus, střílení,
hladovění, topení.

Ráda bych
zapálila svíčku za
každého, kdo zemřel,
aspoň za děti.

Kde ale koupím
tolik svíček?

BROTHERS FROM AUSCHWITZ

One day a policeman arrived
with four Romany men and
two women from Auschwitz.

These Romany wore black
clothes with a black
patch on their sleeve.

They were German Sinti.
They were brought to Lety
because of their experience.

They were capos and they
had truncheons like the
terrible Czech guards.

We were afraid to pick up
our food because these Gypsies
frightened us with their clubs.

We asked the capos why they
did these things to us, their
brothers. They said, "We have to."

They told us the Germans at
Auschwitz were not as bad as
the Czech guards at Lety.

From that time on many of us
prayed to be sent to Auschwitz
for Christmas.

BRATŘI Z OSVĚTIMI

Jednou přijel četník
se čtyřmi Romy a dvěma
Romkami z Osvětimi.

Ti Romové měli na sobě
černé šaty s černou
páskou na rukávu.

Byli to němečtí Sintové.
Přivezli je do Letů
kvůli jejich zkušenosti.

Byli to kápové a měli
obušky jako
hrozní čeští dozorci.

Báli jsme se vzít si
jídlo, protože tihle cikáni
nás zastrašovali svými pendreky.

Zeptali jsme se kápů, proč
nám to, svým bratrům,
dělají. Řekli: „Musíme."

Řekli nám, že Němci v
Osvětimi nejsou tak hrozní
jako čeští dozorci v Letech.

Od té doby se mnozí z nás
modlili, aby nás na Vánoce
poslali do Osvětimi.

THE CZECH SOLUTION

Her father took the child from her breast
and watched the bubbles in the rain barrel
while her mother and aunt dressed
    in mourning.

"When you get married you can have another,"
her mother consoled her while her father
cut up the pieces and fed them to the pigs.

During the war, her brother became a guard
at Lety and told the others how to get rid
of the dark-skinned babies born in the camp.

Only a dirty Gypsy allows the illegitimate
to live.

ČESKÉ ŘEŠENÍ

Otec jí vzal dítě z prsou a sledoval
bublinky v sudu na dešťovou vodu.
Mezitím její matka s tetou oblékly smutek.

„Až se vdáš, můžeš mít jiný,"
utěšovala ji matka, otec při tom
dokončil čtvrcení a hodil kusy prasatům.

Během války se její bratr stal dozorcem
v Letech a řekl ostatním, jak se zbavit
dětí s tmavou pletí narozených v táboře.

Pancharty nechá žít jenom špinavej
cikán.

MY FATHER TOLD ME

My father was a prisoner
in Auschwitz, Mauthausen,
Ravensbrück and Dachau.
He told me the worst place
was in Lety by Písek.

I know it was terrible there
because after the war
my father tried to find
one of the guards
to kill him.

He saw a Czech guard
hold children's heads
in a pail of water
until they died.

The same guard also
drowned the bigger children
in the rain barrels or in the lake.

On cold winter nights,
this guard locked small children
outside their barracks
with no clothes on.

When the children
howled like wolves,
many mothers went crazy
clawing at the bolted doors,
trying to save them.

TÁTA MI POVÍDAL

Táta byl vězněm
v Osvětimi, Mauthausenu,
Ravensbrücku a Dachau.
Řekl mi, že nejhorší
byly Lety u Písku.

Vím, že tam bylo hrozně,
protože po válce se
táta snažil jednoho
dozorce najít
a zabít.

Viděl, jak český dozorce
podržel dětem hlavičky
ve vědru vody,
dokud neumřely.

Tentýž dozorce
topil i ty větší
v sudu na dešťovou vodu nebo v jezírku.

Za mrazivých zimních večerů
tenhle dozorce nechával malé děti
venku před zamčenými baráky
docela bez šatů.

Když děti
skučely jako vlci,
mnohé matky pološíleně
zatínaly nehty do dveří,
chtěly je zachránit.

Before an officer from Prague
came to inspect the camp,
the guards warned my father
to say that they were treated well,
that they had enough to eat.

When the war was over,
my father went to Prague
but he couldn't find the guard
he wanted to kill.

He stopped his search
when he met my mother.

Then he was happy to be alive
and didn't want to go to prison
for killing another human being.

Než měla do tábora přijet
inspekce z Prahy, dozorci
varovali tátu, aby hleděl říct,
že je o ně dobře postaráno,
že mají jídla dost.

Když bylo po válce,
táta jel do Prahy,
ale dozorce, kterého chtěl
zabít, nenašel.

Přestal ho hledat,
když potkal mou mámu.

Pak byl šťastný, že je naživu,
a nechtěl jít do vězení
za zabití jiného člověka.

MEMORABILIA

I escaped from Lety one May morning
when we were working on the road.

A Czech policeman shot me
in the back, but I got away.

An older Gypsy woman with me
put some grass on the wound.

After the war I had a big pain in my leg.
The doctor said the bullet was still there.

After the operation, they gave me the bullet
to add to my collection of bricks, bones, and

other things I had found at Lety around
the graves of my brothers and sisters.

MEMORABILIE

Jednoho květnového rána jsem utekla z Letů,
zrovna jsme pracovali na silnici.

Český četník mě střelil
do zad, ale unikla jsem.

Starší cikánka, co byla se mnou,
mi na ránu přiložila nějakou trávu.

Po válce mě trápila velká bolest v noze.
Doktor řekl, že v ní mám ještě kulku.

Po operaci mi kulku dali, abych si ji
přidala ke sbírce cihel, kostí a

jiných věcí, které jsem našla v Letech
okolo hrobů svých bratrů a sester.

KVĚTA'S RETURN

After the war, I went back to Lety
to visit the graves in the woods.

There were no markers but I knew
where most of my people were buried.

The rain had made the ground over
them sink. I saw the indentations.

My husband came with me. We brought
a tent and slept there two nights.

He took his knife and dug out
the top of each mass grave for me.

I put a candle in each hole. We
stayed there until they burned out.

We saw other Gypsies in the woods
but we didn't speak to them.

Everyone wanted to be left alone
with their own sad thoughts.

KVĚTIN NÁVRAT

Po válce jsem zajela do Letů
navštívit hroby v lese.

Nebylo tam žádné značení, ale já věděla,
kde je většina našich pochována.

Deštěm se půda nad nimi propadla.
Viděla jsem jejich obrysy.

Manžel jel se mnou. Vzali jsme
s sebou stan a dvě noci tam přespali.

Vzal nůž a vyhrabal mi u hlavy
každého masového hrobu jamku.

Do každé jsem postavila svíčku.
Zůstali jsme tam, dokud nedohořely.

V lese jsme viděli další cikány,
ale nepromluvili jsme na ně.

Každý chtěl být o samotě
se svými smutnými myšlenkami.

THE PIG FARM

Around 1980, I met the son of the
baker where the old gates used to be.

"Oh my God, what have they done,
building a pig farm where so many died?"

I stormed in and confronted the people
working in the office of the pig farm.

When I told them what had happened,
on this site, they started to cry.

They apologized but they had their
jobs. They could do nothing about it.

In the woods behind the farm I searched
to find something from our wagons.

I found only some bricks, some bones.
Then I spent all day lighting candles

around the lake where the guards
drowned most of our children.

PRASEČÁK

Někdy v roce 1980 jsem potkala pekařova
syna, tam, kde stávala stará vrata.

„Bože můj, co je to napadlo, postavit
prasečák na místě, kde jich tolik umřelo?"

Vtrhla jsem dovnitř a obořila se
na lidi v kanceláři prasečáku.

Když jsem jim pověděla, co se na
tomhle místě událo, rozplakali se.

Omlouvali se, ale měli svou
práci. Nemohli s tím nic dělat.

V lese za prasečákem jsem se pokoušela
najít zbytky našich vozů.

Našla jsem jenom cihly a kosti. Strávila
jsem pak celý den zapalováním svíček

kolem jezera, kde dozorci
utopili většinu našich dětí.

I THOUGHT I HAD SURVIVED

I survived Hitler's youth gangs
by escaping to Prague.

After they put me in Lety,
I survived:

starvation,
shootings,
lethal injections,
work gangs,
beatings,
rapes,
typhus,
and drownings
in the rain barrel.

After the war
I wanted a better life
so I married a white man.

Only one of my eight children
inherited my dark Gypsy skin.

He's now in hospital
recuperating from two operations
after the skinheads
impaled him on a metal pole.

MYSLELA JSEM, ŽE JSEM PŘEŽILA

Hitlerjugend jsem přežila
útěkem do Prahy.

Když mě pak zavřeli do Let,
přežila jsem:

hlad,
střílení,
smrtící injekce,
pracovní čety,
bití,
znásilnění,
tyfus
a topení
v sudu na dešťovou vodu.

Po válce
jsem chtěla lepší život,
tak jsem si vzala bílého.

Jenom jedno z mých osmi dětí
po mně zdědilo tmavou cikánskou kůži.

Leží teď v nemocnici
a zotavuje se po dvou operacích,
potom co ho skini
napíchli na kovovou tyč.

I don't know if I'm living
in 1939 or 1995.

I thought I had survived,
but I guess I've only been
staggering around in circles.

Nevím, jestli žiju
v roce 1939 nebo 1995.

Myslela jsem, že jsem přežila,
ale třeba se jenom
potácím v kruhu.

A SURVIVOR

She answered the door dressed like
a Spanish Gypsy in gold and black.

Her skin was dark, but her eyes were
light brown, more like almonds. She wore
no cross. Her fingernails were painted pink.

Her home was filled with Bohemian
glass and Austrian ceramics. Many paintings
of horses hung on her walls.

She didn't looked like she was sixty-nine,
the mother of eleven children, the survivor
of a World War II death camp.

She had a strong voice, a stern face,
but she still cried when she told
how captured escapees were tortured:

"The guards kept one of our wagons
in the woods to nail prisoners to.
They nailed my father up for three days."

We were in the hallway, putting on our
shoes to leave, when I saw the new
shotgun standing in the corner.

"This time," she said, "they aren't
going to take us away so easily."

BÝVALÁ VĚZEŇKYNĚ

Otevřela dveře vystrojená jako
španělská cikánka ve zlaté a černé.

Kůži měla tmavou, ale oči
světlehnědé, světlejší než mandle. Na krku
žádný křížek. Nehty nabarvené narůžovo.

Její domov byl plný českého
skla a rakouské keramiky. Na zdech
viselo mnoho obrazů koní.

Nevypadala na šedesát devět, matku
jedenácti dětí, která přežila
tábor smrti za druhé světové války.

Měla pevný hlas, přísnou tvář,
ale přece plakala, když vyprávěla,
jak mučili ty, co chytili na útěku:

„Dozorci měli jeden náš vůz
v lese a na něj přibíjeli vězně.
Mýho tátu přibili na tři dny."

Byli jsme v chodbě, nazouvali si
boty, že už půjdeme, když vtom vidím
novou brokovnici postavenou v rohu.

„Tentokrát," řekla, „nás
neodvezou tak snadno."

LIVING THROUGH IT TWICE

It is absolutely the same
today in the Czech Republic as
what Hitler was doing in 1939.

New citizenship laws, beatings,
killings, maiming, skinheads.
We used to call them Hitler Youth.

In the market place in Brno
I saw the skinheads attacking
the Romany who were selling fruit.

These skinheads don't say anything
they just come with chains and balls
with spikes and beat them up.

I saw one Romany lose three
or four teeth to these new Hitler
Youth this summer in Brno.

Sometimes I wished I hadn't
survived Lety. Why is God making
me live through it twice?

DVAKRÁT TÍM SAMÝM

V České republice je to dneska
úplně stejné jako
za Hitlera v devětatřicátém.

Nové zákony o občanství, bití,
zabíjení, mrzačení, skini.
Říkali jsme jim Hitlerjugend.

V Brně na tržišti jsem
viděla, jak skini napadli
Romy, kteří prodávali ovoce.

Takoví skini neřeknou nic,
prostě si přijdou s řetězy a
koulemi a zmlátí je.

Viděla jsem, jak jeden Rom přišel
o tři čtyři zuby zásluhou téhle nové
Hitlerjugend letos v létě v Brně.

Někdy jsem si přála, kéž bych tak
Lety nepřežila. Proč mě Bůh nutí
projít si dvakrát tím samým?

THE MONOPOLE BAR IN BRNO

Lubo and I were already
seated at our table
when the waiter told us
he couldn't serve Gypsies.

He was sorry but he had
orders from his manager.
I took out my American passport
and asked to see his boss.

A heavy-set woman, about 30,
came over and sat down.
I told her I was a journalist
and Lubo was my translator.

She apologized. She only wanted
to keep out the neighborhood Gypsies
who played the slot machines
at the bar.

After we finished our meal
we had a coffee at the bar,
watching the poorest of the poor
trying to strike it rich.

They were allowed to drink beer
but if they won on the machines,
they couldn't buy a meal
in the dining room.

MONOPOLNÍ BAR V BRNĚ

Lubo a já už jsme
se usadili ke stolu,
když nám číšník řekl,
že cikány obsloužit nemůže.

Litoval, ale měl
pokyny od vedoucí.
Vyndal jsem svůj americký pas
a chtěl mluvit s jeho šéfovou.

Přišla a sedla si k nám
podsaditá žena, kolem třicítky.
Řekl jsem jí, že jsem novinář
a Lubo je můj překladatel.

Omluvila se. Jenom nestála
o cikány ze sousedství,
kteří hráli na automatech
u baru.

Když jsme dojedli,
dali jsme si u baru kafe
a pozorovali nejchudší z chudých,
jak se snaží pokoušet štěstí.

Pivo měli dovoleno pít,
ale kdyby na automatu vyhráli,
nemohli by si v jídelně
koupit jídlo.

THAT NIGHT OF THE PIGS

I was tired of being hungry.
I wanted to eat right now.

It was a cold, rainy night when
my brother and I raided the farm.

We knew where they buried the pigs
that died from natural causes.

We broke the padlock, found two
gunny sacks and dug up two sows.

My parents were drinking in the pub.
My five sisters were hungry too.

We cleaned the pigs by candle light
then ripped up our wooden floor

to make a fire. It was too dark and
too wet to find wood in the forest.

We were so happy, it was like Christmas
in our house that night of the pigs,

until our white neighbors smelled the
meat cooking and called the police.

I told the judge that Gypsies
have a right to eat meat too,

but he still gave me two years.

NOC PRASAT

Už mě nebavilo mít hlad.
Chtěl jsem jíst, a to hned.

Byla chladná deštivá noc, když
jsme s bratrem vytáhli na prasečák.

Věděli jsme, kde zakopávají prasata,
co pojdou přirozenou cestou.

Rozbili jsem zámek, našli dva
jutové pytle a vykopali dvě svině.

Rodiče popíjeli v hospodě.
Mých pět sester taky mělo hlad.

Při světle svíčky jsme prasata očistili,
pak jsme vytrhali dřevěnou podlahu

a rozdělali oheň. Na dříví z lesa
byla moc velká tma a moc velké mokro.

Byli jsme tak šťastní, bylo to jako o Vánocích
u nás doma v tu noc prasat,

dokud naši bílí sousedi neucítili
vařící se maso a nezavolali policii.

Říkal jsem soudci, že cikáni
taky mají právo jíst maso,

ale stejně mi dal dva roky.

PRAGUE BY NIGHT

The parents are watching television.
Their daughter is combing her Barbie
doll's hair. Their teenage sons
are sitting around the kitchen table
playing cards. Their cousins are with them.

The windows are boarded up. Every time
there is a sound from the street,
from the stairwell, all heads turn, all
talking stops. The worst sound to hear
is a garbage can lid muffling a scream.

In Prague, 80,000 dark-skinned people,
Gypsies, Vietnamese, Blacks from Africa,
stay off the streets at night
because the Velvet Revolution
has freed the skinheads and the police.

NOČNÍ PRAHA

Rodiče se dívají na televizi.
Dcerka češe vlasy panence
Barbie. Dospívající synové
sedí u kuchyňského stolu
a hrají karty. Bratranci s nimi.

Okna jsou zabedněná. Pokaždé,
když se z ulice, ze schodiště
ozve nějaký zvuk, všechny hlavy se otočí,
utichne veškerý hovor. Nejhorší je
zvuk popelnicového víka tlumícího výkřik.

80 000 lidí s tmavou kůží v Praze,
cikáni, Vietnamci, černoši z Afriky,
nevycházejí v noci do ulic,
protože Sametová revoluce
osvobodila skiny a policii.

NO JOB

The factory owner next door
came to buy my house.

I knew him. He had refused
to give me a job because

it was his private policy
never to hire Gypsies.

He couldn't believe
how clean we kept our home.

He knew the white man
who had lived here before.

He thought our home was a hole,
that he could buy it cheap.

He left surprised, but he
still won't give me a job.

NENÍ PRÁCE

Majitel továrny od vedle
přišel koupit můj dům.

Znal jsem ho. Odmítl
mi dát práci, protože

jeho soukromou politikou bylo
zásadně nenajímat cikány.

Nemohl uvěřit,
jak je u nás doma čisto.

Znal toho bílého,
co tady bydlel předtím.

Myslel si, že náš domov je díra,
že ho koupí levně.

Odešel překvapený, ale stejně
mi práci nedá.

A SINTI MOTHER SPEAKS

After the skinheads threw
the garbage cans
through our window,
we moved out of Prague.

We bought a shack
in the country,
acquired a watch dog,
and surrounded ourselves
with barbed-wire.

But I know
we will never have peace
until I dye
my children's hair blond
and buy a drug to change
the color of their skin.

I've promised my sons
when I get some money
that's what I'm going to do
for them.

SINTSKÁ MÁMA VYPRÁVÍ

Potom, co nám skini
hodili oknem do bytu
popelnice, odstěhovali
jsme se z Prahy.

Koupili jsme si barák
na venkově,
pořídili hlídacího psa
a obehnali se
ostnatým drátem.

Ale já vím,
že nebudeme mít dřív klid,
dokud nepřebarvím
svým dětem vlasy na blond
a neseženu lék, kterým
jim změním barvu kůže.

Slíbila jsem synům,
že až dostanu nějaký peníze,
přesně tohle pro ně
udělám.

GYPSY LAMENT

We were born
to be hated.

God never
loved us.

Dear America,
please help.

We're too afraid
to live here.

CIKÁNSKÝ NÁŘEK

Narodili jsme se,
aby nás nenáviděli.

Bůh nás nikdy
nemiloval.

Ameriko milá,
pomoz nám, prosím!

Moc se tu bojíme
žít.

ODE TO A ROMANY EDITOR

Dušan Eremiáš isn't here anymore.
After he published your article,
the government forced him to resign.

We no longer print *Amaro Lav*.
After he published your article,
the government stopped all funding.

Eremiáš had to leave the country.
After he published your article,
the government refused him citizenship.

Gray-haired Dušan Eremiáš now earns
his living playing his bass fiddle
at poor Gypsy weddings in Slovakia.

ÓDA NA ROMSKÉHO REDAKTORA

Dušan Eremiáš už tady není.
Poté, co otiskl váš článek,
vláda ho přinutila odejít.

Amaro Lav už nevydáváme.
Poté, co otiskl váš článek,
vláda zastavila všechny dotace.

Eremiáš musel opustit zemi.
Poté, co otiskl váš článek,
vláda mu neudělila občanství.

Šedivý Dušan Eremiáš si teď vydělává
hraním na housle na chudých
cikánských svatbách na Slovensku.

UNDER THE SCATTERED
BONES OF PIGS

After a heavy rain, the skinheads
search the woods behind the pig farm
for war memorabilia
pushed up by the sinking earth:

pistols, rifles,
helmets,
belt buckles,
hand grenades.

Sometimes the white-bone skull
of a Gypsy child is added
to a collection
because the bodies of children
lay buried
under the scattered bones of pigs.

Next to the children,
if they were lucky,
are the bodies of their parents,
who also died of starvation, typhus,
lethal injections, shootings and
drownings by the Czech guards
before they could be transported
to Auschwitz.

The smell of the sties
reminds the villagers of Lety
why the pig farm was built.

POD ROZTROUŠENÝMI
PRASEČÍMI KOSTMI

Po hustém dešti skini
hledají v lese za prasečákem
válečné memorabilie
vytlačené propadající se půdou:

pistole, pušky,
helmy,
přezky na pásky,
ruční granáty.

Někdy ke své sbírce
přidají vybělenou lebku
cikáněte,
protože těla dětí
leží pohřbena
pod roztroušenými prasečími kostmi.

Hned vedle dětí,
když měly to štěstí,
jsou těla jejich rodičů,
kteří také zemřeli hladem, na tyfus,
po smrtící injekci, kulkou nebo
pod vodou rukou českých dozorců,
dřív než mohli být transportováni
do Osvětimi.

Smrad z chlívků
připomíná Letským,
proč byl prasečák postaven.

The tourists to Orlík castle
a few kilometers away
know nothing about
this death camp,
used by a prince.

Ale turisté na Orlíku
pár kilometrů odtud
netuší nic o
zdejším táboře smrti
sloužícím knížeti.

THEY SHOULD BE NAMED

Pride, custom and law
demanded
they be named at birth.

Anna Hubená,
Marie Danielová,
Rosálie Janečková,
and hundreds of Czech Romany
like them.

At school they had nicknames:
Šuki, Marča, Piroška.

When they fell in love they had
names of endearment:
miro jilo, diliňi, kaľi.

When they got their
Gypsy identity cards
as required by law
their names were known
to every police department
in Czechoslovakia.

They had names
when the priest
blessed their marriage.

MĚLY BY MÍT JMÉNA

Hrdost, obyčej a zákon
si žádaly,
aby dostaly při narození jméno.

Anna Hubená,
Marie Danielová,
Rosálie Janečková
a stovky českých Romů
jako ony.

Ve škole měly přezdívky:
Šuki, Marča, Piroška.

Když se zamilovaly, měly
milenecká jména:
miro jilo, diliňi, kaľi.

Když dostaly
své cikánské průkazy,
jak to stálo v zákoně,
jejich jména znala
každá četnická stanice
v Československu.

Měly jména,
když kněz
žehnal jejich svatbě.

Even in the Lety
concentration camp,
they were called by
their own names for
their ration of bread.

When they were
shot or crucified
after trying to escape
they had names
on their death certificates.

Anna Hubená,
Marie Danielová,
Rosálie Janečková,

and thousands of Czech Romany
like them
lost their names
when they were buried
in unmarked graves
in the forest at Lety.

Fifty-two years later,
the Czech government
marked the site of this
death camp with a
modest stone monument.

The Minister of Minorities
explained why there were no names
on the memorial:

"It would ruin the artistic design."

I v letském
koncentráku
je vyvolávali
pro příděl chleba
jménem.

Když byly
zastřeleny nebo ukřižovány
za pokus o útěk,
měly jména
v úmrtních listech.

Anna Hubená,
Marie Danielová,
Rosálie Janečková

a tisíce českých Romů
jako ony
o svá jména přišly,
když byly pohřbeny
v neoznačených hrobech
v lese u Letů.

O padesát dva let později
česká vláda
označila místo zdejšího
tábora smrti
skromným kamenným pomníkem.

Ministr pro národnostní menšiny
vysvětlil, proč na památníku
nejsou žádná jména:

„Kazilo by to umělecký dojem."

IRON GATES

She was eight years old
and she stood outside
the Prime Minister's office
in the snow, holding a candle
and her Czech passport.

Her black hair hung to her
waist, her dark skin shivered.
She was Romany. The skinheads
were killing her people
and the police wouldn't come.

She stood beside her uncle
who was also holding a candle
and his passport which said
they were entitled to all the
rights of Czech citizens.

There were forty of them,
asking the government
to protect their people,
but no one came out
from behind the iron gates.

ŽELEZNÁ VRATA

Bylo jí osm let,
stála venku ve sněhu
před úřadem premiéra,
v ruce držela svíčku
a český pas.

Černé vlasy jí splývaly
až k pasu, její tmavá kůže se chvěla.
Byla to Romka. Skini
zabíjeli její lidi
a policie nezasahovala.

Stála vedle svého strýčka,
i ten držel svíčku
a pas, v němž stálo,
že mají nárok na všechna
práva českých občanů.

Bylo jich čtyřicet,
co žádali vládu,
aby ochránila jejich lidi,
ale z železných vrat
nevyšel nikdo.

ROMANY REQUIEM

I was born to live,
to enjoy my freedom.

But you took away my horses,
my wagon, my violin.

You put me in the mines,
in the factories.

You made me your slave,
closing the borders to

Russia, Poland, Romania,
Hungary, Czechoslovakia.

For a few years I still
wandered free in the Balkans.

Then you let them kill me
during the war in Bosnia.

Now my soul searches
for where my people
used to make wagon tracks.

ROMSKÉ REKVIEM

Narodil jsem se pro život,
pro radost ze svobody.

Ale vy jste mi vzali koně,
můj vůz i mé housle.

Poslali jste mě do dolů,
do továren.

Udělali jste ze mne otroka,
uzavřeli hranice

z Ruska, Polska, Rumunska,
Maďarska, Československa.

Pár let jsem se ještě
toulal volně po Balkánu.

Pak jste jen přihlíželi, jak
mě zabíjejí ve válce v Bosně.

Teď moje duše hledá
místa, která moji lidé
kdysi brázdili svými vozy.

WHY GYPSIES STOLE CHILDREN

Some families thought
it was their passport
to the future.

White children raised
in the Gypsy way
would grow up to marry
Gypsies. Their children
wouldn't be so black.

They thought if they
changed the color
of their skin,
whites wouldn't
hound them, kill them.

Most families did
end up with lighter skin,
but they didn't take off
their gold from India.

The women didn't change
their long skirts. The men
still wore their hats,
carried their canes.

So in the end
they died as Gypsies
in Lety and Auschwitz
murdered by the white man,
who was now their blood brother.

PROČ CIKÁNI KRADLI DĚTI

Některé rodiny si myslely,
že je to jejich propustka
do budoucnosti.

Bílé děti vychované
po cikánsku
vyrostou a vezmou si
cikány. Jejich děti
nebudou tak černé.

Myslely si, když
změní barvu
kůže,
bílí je nebudou
honit a zabíjet.

Většina rodin
docílila světlejší kůže,
ale nesundala
své zlato z Indie.

Ženy neodložily
dlouhou sukni. Muži
pořád nosili klobouk,
chodili s holí.

Takže nakonec
umřeli jako cikáni
v Letech a Osvětimi,
povražděni bílým mužem,
teď jejich pokrevním bratrem.

LETY REVISITED 1995

I went back to Lety today, six months
after the memorial service.

There still aren't any signs up, no dirt tracks
or paths to take visitors there.

I parked just off highway 19, the road
the Gypsies built before they died.

I had to walk across a plowed up, frozen
field, covered in a light snow.

The pig farm still smelled, worse than ever.
Who owns it now, making money out of death?

Crows flew overhead while I strained to see
the monument hidden behind the leafless trees.

I feared the worst: spray-painted swastikas,
the stones smashed with a sledge hammer.

Except for the snow, and the fallen leaves,
the site was like we had left it in May.

Even the green wreaths and the cellophane
wrapped flowers were still there.

How could they have lasted so long?
I brushed off the snow. They were plastic.

ZNOVU V LETECH 1995

Dneska jsem znovu zajel do Letů, šest měsíců
po pamětním obřadu.

Pořád tady není značení, nikde chodníčky
ani pěšiny, které by zavedly návštěvníka
      na místo.

Zaparkoval jsem u státovky 19, silnice,
kterou postavili cikáni, než umřeli.

Musel jsem jít přes zorané, zmrzlé pole
pokryté popraškem sněhu.

Prasečák smrděl pořád, hůř než jindy.
Komu teď patří, kdo vydělává na smrti?

Do vzduchu vzlétli havrani, když jsem
pohnul větví, abych lépe viděl na pomník.

Bál jsem se nejhoršího: nasprejovaných
      hákových křížů,
kamenů roztříštěných těžkou palicí.

Kromě sněhu a spadaného listí
bylo to místo stejné, jak jsme ho opustili v květnu.

Byly tam ještě i zelené věnce
a květiny zabalené do celofánu.

Jak mohly vydržet tak dlouho?
Odmetl jsem sníh. Byly umělé.

I counted twenty candles that had not burnt
for more than a few seconds in the rain that day.

Near the cold gray stones, I realized there
were no foot prints except for rabbit and deer.

The skinheads had not visited the site.
Neither had anyone else.

Napočítal jsem dvacet svíček, které tehdy
v dešti nehořely déle než pár vteřin.

U chladných šedých kamenů mi došlo, že kolem
nejsou žádné jiné stopy kromě zaječích a srnčích.

Skinové sem nezavítali.
Ani kdokoli jiný.

HOMELESS

I had a job and a room
until they removed part of my lung.
Now I can't work.
I can barely breath.

I live on top a tunnel where
there used to be a statue of Stalin.
When it rains I climb into a culvert.

I find my food in garbage cans. Sometimes
I go to the Hope Center for a bowl of soup.
But they won't give me a bed. Young men
sleep there free. Of course, they're white.

I heard I could get compensation
for being in a concentration camp.
I was in Auschwitz, Birkenau, Buchenwald
and Dachau. My father died in Lety.

I spent my savings, mailing letters,
asking for proof that I was in these camps.
I got certificates from the Red Cross
and the Germans, but this government
still won't pay me.

When I go to the social security office
they won't pay me either. They just
laugh. They know about my health.

They think I'm going to die soon,
but I'm stronger than they think.

BEZDOMOVEC

Dokud mi nevzali kus plic,
měl jsem práci i bydlení.
Teď pracovat nemůžu.
Sotva dýchám.

Bydlím nad tunelem,
tam, co stávala socha Stalina.
Když prší, zalezu pod akvadukt.

Jídlo hledám v popelnicích. Občas
zajdu do Naděje na misku teplé polévky.
Ale postel mi nedají. Mladí tam spí
zdarma. Jistě, jsou bílí.

Slyšel jsem, že můžu být za ty roky
v koncentráku odškodněný.
Byl jsem v Osvětimi, Birkenau, Buchenwaldu
a Dachau. Můj táta zemřel v Letech.

Za dopisy s prosbami, aby mi doložili,
že jsem v těch lágrech byl,
jsem utratil všechny úspory. Mám už
potvrzení od Červeného kříže i od Němců,
ale tahle vláda mi stejně nedá nic.

Když si jdu pro peníze na úřad sociálního
zabezpečení, nedají mi je ani tam. Mají ze mě
legraci. Ví, jak to mám se zdravím.

Myslí si, že brzo umřu, jenže
já jsem silnější, než si myslí.

LETY IMAGES 1996

Gray roofed barracks,
dark green pines,
waist-high brown grass,
the smell of pig manure,
floating across the soggy
indentations in the ground.

Ukrainians planting new trees
are now the cheap labor
while, beside them, a man with
a metal detector
looks for war memorabilia.

Wooden watch towers still
surround the forest, but now they're
for weekend hunters looking for deer
instead of dark-skinned escapees.

Swans on the black water look like
the tombstones the Gypsies never had.
Do fishermen ever reel in their bones?

Walking through the weeds, looking
for the underground gas chamber,
I see a field mouse scampering ahead;
the children's only food,
apart from the grass.

Pigs squealing like new born infants.
Guard dogs barking.
The sounds are still the same
as they were in 1943.

OBRAZY Z LETŮ 1996

Baráky s šedými střechami,
temně zelené borovice,
zhnědlá tráva až po pás,
smrad prasečího hnoje
vznášející se nad obrysy
hrobů v bahnité půdě.

Ukrajinci, sázející stromky,
jsou tady novou levnou silou,
a vedle nich nějaký muž
hledá s detektorem kovu
válečné memorabilie.

Dřevěné strážní budky dodnes
obklopují les, ale teď
místo lovcům snědých vězňů na útěku
slouží víkendovým lovcům vysoké.

Labutě na černé vodě jsou jako
náhrobky, které cikáni nikdy neměli.
Tahají někdy rybáři za jejich kosti?

Jdu tím plevelem a hledám
podzemní plynovou komoru,
a vidím, jak hraboš peláší pryč –
jediná potrava dětí,
kromě trávy.

Prasata kvičí jak novorozeňata.
Štěkají hlídací psi.
Zvuky jsou stejné jako
v roce 1943.

KILLING ME

They're killing me because of love,
were his last thoughts,
as they beat his head on the cobblestones,
filling the gutter with his blood,
cracking his cheekbones,
trying to kick off his nose.

He never dreamed anyone would
want to kill him
for helping Gypsies.

ZABÍJEJÍ MĚ

Zabíjejí mě pro lásku,
byly jeho poslední myšlenky,
když mu hlavou mlátili o dlažbu,
strouha se plnila jeho krví,
lícní kosti zakřupaly,
když se mu snažili rozkopat nos.

Ve snu by ho nenapadlo, že by ho někdo
chtěl zabít za to,
že pomáhá cikánům.

A ROMANY IN PRAGUE

The smell of gasoline
mixed with detergent
makes me want to puke,
but I keep pouring it
into the bottle knowing
it's the only way to
protect our children.

The next time a skinhead
throws a garbage can
through our window or
flays my son with chains
I'm going to make a
human torch out of him.

ROM V PRAZE

Ze zápachu benzínu
smíchaného se saponátem
se mi zvedá žaludek,
a přece ho přelévám
do láhve, protože vím,
že je to jediný způsob,
jak ochránit svoje děti.

Příště, až k nám skin
prohodí oknem
popelnici nebo mi
zřeže syna řetězem,
udělám z něho
lidskou pochodeň.

AUSCHWITZ

I

It was raining when I arrived.
How many came like me
smelling the wet countryside,
hearing no sounds from the city?

The streets were dark,
there was only one hotel,
night life didn't exist,
buildings were gray cement.

It's a small town, but every
few minutes, several trains
still squeaked, rumbled, whistled
under the window of my hotel room.

There was a program on TV that night
about skinheads in eastern Europe,
and once again I heard shouts
from the guards in Auschwitz.

II

Luboš and I were standing
in front of the bookstore, our
backs to the cold November wind
when the skinheads stormed by.

OSVĚTIM

I

Pršelo, když jsem přijel.
Kolik jich sem přijelo jako já,
vdechovalo ten vlhký venkov
a neslyšelo žádný městský hluk?

Ulice byly temné,
byl tam jen jeden hotel,
noční život žádný,
budovy cementově šedé.

Je to malé městečko,
ale co chvíli pod okny
mého hotelového pokoje
řinčely, rachotily, houkaly vlaky.

Tu noc byl v televizi pořad
o skinech ve východní Evropě
a znovu jsem slyšel křik
dozorců v Osvětimi.

II

Stáli jsme s Lubošem
před knihkupectvím, zády
k chladnému listopadovému větru,
a vtom se kolem prohnali skini.

Three young men with their
heads almost shaved, wearing
earrings, boots, sneers,
tracked mud across the sidewalk.

Lubo's Gypsy eyes followed them
to the no entry gate where
the camp commander had been hung
from a make-shift wooden gallows.

After walking in they turned
and gave Lubo a stiff-armed
Heil Hitler salute, followed
by the middle finger warning.

A white-haired guide next to
us said: "They shouldn't do that.
I don't know what's happening
in Europe today."

"Nothing's happening," Lubo
replied, staring back without
any gestures. "That's the problem.
Europe's the same as in 1939."

III

After I handed Luboš
a square iron nail
about eight inches long,
we wondered what it was
used for at Auschwitz.

Tři mladíci s téměř
vyholenými hlavami, s náušnicemi,
v těžkých botách, s úšklebky,
roznesli po chodníku bláto.

Lubovy cikánské oči je sledovaly
k bráně se Zákazem vstupu, kde
na provizorní dřevěné šibenici
oběsili velitele tábora.

Když byli uvnitř, otočili se
k Lubovi, zahajlovali
a pak ho varovali
vztyčeným prostředníkem.

Bělovlasý hlídač vedle nás
řekl: „To by neměli dělat.
Nevím, co se to dneska
v Evropě děje."

„Nic se neděje," odvětil
Lubo a bez posunků jim
upřeně oplácel pohled. „To je to.
Evropa je jako v devětatřicátem."

III

Když jsem Lubošovi podal
čtyřhranný železný hřebík,
dlouhý tak dvacet centimetrů,
přemýšleli jsme, k čemu
asi mohl v Osvětimi sloužit.

I found it in the barracks
where Gypsy children
were kept for doctor
Mengele's cruel experiments.

I gave the nail to Lubo
as a souvenir, along
with a small smooth
stone the size of an egg
I found in one of the bunks.
The stone was probably
a Gypsy child's last toy.
But we never figured out
what the long rusty nail
was used for.

IV

Listening to the
rail traffic, I
couldn't help but
think what those
sounds meant there:
a far away whistle
announcing another
arrival; steel
wheels screeching
on iron rails;
boards rattling
in a wooden boxcar;
men pounding in
another spike
to tighten the line.

Našel jsem ho v barácích,
kde drželi cikánské děti
na kruté pokusy
doktora Mengeleho.

Dal jsem hřebík Lubovi
jako suvenýr, ještě
s malým hladkým kamenem
velikosti vejce,
který jsem našel na jedné pryčně.
Kámen byl zřejmě poslední
hračkou nějakého cikánka.
Nikdy jsme ale nepřišli na to,
k čemu sloužil ten dlouhý
rezavý hřebík.

IV

Jak tak naslouchám
zvuku vlaků,
nemůžu
nepřemýšlet, co ty
zvuky znamenají:
zahoukání zdáli
oznamuje další
příjezd; ocelová
kola skřípají
na železných kolejích;
prkna rachotí
v dřevěných vagónech;
chlapi zatloukají
další hřeby
do pražců.

People getting off:
the squeals of young
children, the calls
of lovers rushing into
each other's arms.

The town had no
other noises.
Even in 1996
Auschwitz lived
by its train traffic.

V

The first snow of winter
made the train station
look like the cover
of a Christmas card.

Icicles hung under
the roof of a gray
box car, morning frost
covered the windows of
an abandoned caboose.

Across the white fields,
I still saw the rusted
iron tracks
leading to Birkenau.

The snow wasn't deep enough
to cover them
in forgiving flakes.

Lidé vystupují:
malé děti pištína sebe volají, aby si vzápětí, milenci
na sebe volají, aby si vzápětí
padli do náruče.

Město nezná žádné
jiné zvuky.
Ještě v roce 1996
žije Osvětim
železniční dopravou.

V

První zimní sníh
proměnil zastávku
v obrázek
z vánoční pohlednice.

Ze střechy šedého
vagónu visí rampouchy,
ranní mráz zastřel
okna opuštěného
služebního vozu.

Na bílých polích
jsem pořád viděl
železné koleje
vedoucí do Birkenau.

Sníh nebyl dost hluboký,
aby je zakryl
milosrdnými vločkami.

SEARCHING FOR THEIR SOULS

On our way back from Poland,
the snow in the headlights
was hurting my eyes, so
Lubo and I stopped at a
motorest outside of Těšín.

We were the only ones there
until a Gypsy came in, saw
Lubo's dark skin and headed
over. He smelled like my septic
tank when it's too full.

He looked like the stereotyped
Gypsy thief: sunken cheeks, hooked
nose, long moustache, black face.
He had eyes like an animal
that wanted to escape.

Lubo offered him a chair.
He preferred to stand. I
offered him a beer. He said
he didn't drink alcohol.

He just wanted to talk to
another brother. His people
were Vlachy. Most had
died in the concentration
camps during the last war.

HLEDÁ JEJICH DUŠE

Na zpáteční cestě z Polska
mne rozbolely oči
ze sněhu v světle reflektorů,
tak jsme s Lubem zastavili
v motorestu za Těšínem.

Byli jsme tam jediní,
než vešel cikán, uviděl
Lubovu tmavou kůži a zamířil
k nám. Smrděl jak moje žumpa,
když už přetéká.

Vypadal jako vžitý obraz
cikánského zloděje: propadlé tváře, ohnutý
nos, dlouhý knír, černá tvář.
Oči měl jako zvíře,
které chce utéct.

Lubo mu nabídl židli.
Raději zůstal stát. Já
mu nabídl pivo. On na to,
že alkohol nepije.

Jenom si chtěl popovídat
s jiným bratrem. Jeho lidi
byli Vlachové. Většina jich
zemřela v koncentračních
táborech během poslední války.

He still had their photos but
no longer their gold from
India. The communists had burned
their wagons, put them in wooden
apartment blocks, made them work.

He had a wife and two kids.
Since 1991 he was an unemployed
truck driver. He spent his free
time visiting death camps,
lighting candles, leaving flowers.

He had been to Auschwitz,
Mauthausen, Ravensbrück,
Buchenwald, Dachau, Terezín.
searching for the souls
of his people.

Lubo asked him if he had ever
heard of Lety by Písek. He
borrowed a pen and carefully
wrote down the name LETY
on the back of his hand.

I told him there were no
roads, no signs to the place.

"A Vlachy doesn't need roads
or signs to find his people,"
he told me.

"If my father is calling me,
I will find him."

Dodnes má jejich fotografie, ale
už nemá nic z jejich zlata
z Indie. Komunisti jim spálili
vozy, zavřeli je do bloků dřevěných
baráků, nutili je pracovat.

Měl ženu a dvě děcka.
Od roku 1991 byl nezaměstnaným
řidičem náklaďáku. Volný čas
trávil návštěvami táborů smrti,
zapalováním svíček, kladením květin.

Byl už v Osvětimi,
Mauthausenu, Ravensbrücku,
Buchenwaldu, Dachau, Terezíně,
kde hledal duše
svých lidí.

Lubo se zeptal, jestli někdy
slyšel o Letech u Písku. Půjčil
si pero a pečlivě si
na hřbet ruky
napsal jméno LETY.

Řekl jsem mu, že tam nevede žádná
cesta, žádné značení.

„Na co cesta nebo značení,
Vlach svoje lidi najde,"
povídá.

„Když mě otec zavolá,
najdu ho."

LETY SILENCE 1997

The round metal no-entrance sign
has been yanked off the tree and
thrown in the grass. The rusty
nails are still bent in the bark.

Across the dirt track a white wooden
sign has been nailed to another tree.
The black letters read *Památník Lety*.

Is this an improvement? Is someone
at last taking an interest?

I ease my car down the forest road.
Despite the dry September soil,
the tracks appear too deep,
the center too high.

I expect my car to scrape bottom
but the long grass acts like a cushion
and the stones remain silent.

After half a mile I come to the clearing.
Nailed to another tree is another Lety sign.

A tractor has left deep ruts. The grass
in the center is waist high. When I walk
in the ruts, the grass is over my head.

The tractor ruts end at the sign board.
The lies in Czech, Romany and English
that the SS and Himmler were to blame
are now plastified.

LETSKÉ TICHO 1997

Kulatá kovová značka zákazu vstupu
byla stržena ze stromu a
pohozena do trávy. Rezavé
hřebíky zůstaly ohnuté v kůře.

Přes pěšinu na jiném stromě
je přibita bílá dřevěná značka.
Černá písmena hlásají *Památník Lety*.

Je tohle změna k lepšímu? Někdo se
konečně začal zajímat?

Jedu zvolna po lesní cestě.
Navzdory suché zářijové půdě
se koleje zdají příliš hluboké,
střed příliš vysoký.

Čekám, že začnu drhnout spodkem,
ale vysoká tráva je jako polštář
a kameny mlčí.

Po půl kilometru dorazím na paseku.
Na jiném stromě je přibita další značka.

Traktor tu po sobě zanechal hluboké koleje.
Tráva uprostřed sahá až po pás. Když jdu
kolejemi, tráva mě už převyšuje.

Koleje traktoru končí u informační tabule.
Lži v češtině, romštině a angličtině,
že na vině jsou SS a Himmler,
jsou teď vryty do plastu.

A beaten down path leads
through the waist-high grass
to the field-stone memorial.

Even the pig farm is almost hidden.
Not the smell, just the view of the sties.

Who is suppose to take care of
this Holocaust monument?

I wade through the weeds,
until my bare arms begin to itch.

Ducks skim across the pond,
while butterflies dance
with floating cotton fluffs.

A forester walking by startles me.
He smiles but doesn't stop.

He looks like a green elf
except for the cartridge bag
over his shoulder... where's his gun?
Maybe he has a pistol under his coat.

His smile and red nose remind me of someone
who has drunk too much beer for lunch.
He disappears through the trees
leading towards the old rock quarry.

Maybe he will hear the screams
from fifty years ago over there.

But here by the mass graves
it remains silent and overgrown.

Vyšlapaná pěšina vede
travou sahající do pasu
ke kamennému památníku.

Dokonce i prasečák je skoro skrytý.
Ne ale smrad, jen není vidět chlívky.

Kdo se má o zdejší
památník holocaustu starat?

Prodírám se plevelem,
až mě začínají svědět holé ruce.

Na rybníce startují kachny,
zatímco motýli tančí
mezi poletujícím býlím.

Vyleká mě lesník, který jde kolem.
Usměje se, ale nezastaví.

Vypadá jako zelený skřítek,
až na tu brašnu s nábojnicemi
přes rameno... kde má pušku?
Možná má pod kabátem pistoli.

Jeho úsměv i červený nos mi připomínají někoho,
kdo vypil k obědu přespříliš piva.
Zmizí mezi stromy,
které vedou ke starému lomu.

Možná tam uslyší výkřiky
padesát let staré.

Ale tady u masových hrobů
je jenom ticho a přerostlá tráva.

GYPSY DIASPORA

My father escaped from Germany
in 1939 after the Hitler youth
cut off my grandmother's ears.

This year we escaped from Prague
after the skinheads grabbed my daughter
and burned off all her hair with a lighter.

In England they put me in jail, saying
we were not entitled to political asylum,
that our government was not persecuting us.

Throughout our history, we've been
forbidden to move, forbidden to stay,
hunted down like vermin for a bounty.

Why doesn't anyone want us? We never
started a war. We never bombed London,
Dresden, Pearl Harbor or Nagasaki.

Haven't we given the world a soul
with our songs, our dancing,
our violins and guitars?

Did our wagons ever pollute the air?
Did we ever cut down a forest? Are we
the ones destroying the ozone layer?

We never stole any man's land.
The road was our land and we will
always keep it inside our hearts.

CIKÁNSKÁ DIASPORA

Táta utekl z Německa
v devětatřicátém, když Hitlerjugend
uřízla mojí babičce uši.

Letos jsme utekli z Prahy,
když skini přepadli mou dceru
a zapalovačem jí upálili všechny vlasy.

V Anglii mě zavřeli, že prý
nemáme právo na politický azyl,
naše vláda prý nás neperzekuuje.

V celé historii nám zakazovali
se stěhovat, zakazovali zůstat,
honili nás jako škodnou za odměnu.

Proč nás nikdo nechce? My jsme nikdy
nezačali válku. My nebombardovali Londýn,
Drážďany, Pearl Harbor ani Nagasaki.

Nedali jsme snad světu duši
svými písněmi, svým tancem,
svými houslemi a kytarami?

Znečistily snad naše vozy ovzduší?
Vykáceli jsme někdy les? To my jsme
zničili ozónovou vrstvu?

Neukradli jsme nikdy ničí zemi.
Naší zemí byla cesta a tu si navždy
podržíme ve svých srdcích.

Today my people are living
in every nation in Europe,
so why is President Havel
calling us back
to the Czech Republic?

Dneska moji lidé žijí
v každém národě v Evropě,
tak proč nás prezident Havel
volá zpátky
do České republiky?

ROMANY COBRA

My father and his brothers
joined the Czech resistance
to save our country when
the Germans marched in.

My father and his brothers
knew the woods, knew the trails,
knew how to smuggle guns
and bombs across the border.

My father and his brothers
tried to teach the Czechs
how to live in the forests,
how to live off the land.

But the Czechs weren't fighters.
They were doctors, professors,
businessmen who couldn't learn
to steal a farmer's dog and eat it.

My father and his brothers
founded Romany Cobra to
rescue our relatives from Lety
when the resistance returned to the cities.

My father and his brothers
gathered up Romanies who had
escaped the police roundup by
living in the forest tree tops.

ROMSKÁ KOBRA

Můj táta a jeho bratři
se dali k českému odboji,
aby zachránili naši zem, když
do ní vpochodovali Němci.

Můj táta a jeho bratři
se vyznali v lese, znali
stezky, věděli, jak pašovat
pušky a bomby přes hranice.

Můj táta a jeho bratři
se snažili naučit Čechy
jak žít v lese,
jak žít z půdy.

Ale Češi nebyli bojovníci.
Byli doktoři, profesoři, obchodníci,
ti nebyli s to naučit se
ukrást psa sedlákovi a sníst ho.

Můj táta a jeho bratři
založili Romskou Kobru,
aby vysvobodili svoje příbuzné z Letů,
když se odboj vrátil do měst.

Můj táta a jeho bratři
shromáždili Romy, kteří unikli
policejním svozům a žili
v lese v korunách stromů.

My father and his brothers
planned to attack Lety
after they saw the old people
and children dying like flies.

But the Czechs heard about it
from the capos, the informers,
and sent everyone to Auschwitz
two years before the war ended.

My father and his brothers
followed the railroad tracks
to Poland. All along the way
they recruited Romany stragglers.

My father and his brothers
planned the attack on Auschwitz
like our ancestors when they
stole horses from the *gadžos*.

My father and his brothers
snuck into Auschwitz on the
night of August 1, 1944,
and caused the SS to retreat.

But the Jews weren't fighters,
they didn't want to rebel
so only about 300 Gypsies
escaped with us that night.

My father and his brothers
saved most of our family,
most of our relatives, from the gas
chambers, but not from the Czechs.

Můj táta a jeho bratři
chystali útok na Lety,
když viděli, jak tam staří
a děti umírají jako mouchy.

Ale Češi se o tom doslechli
od kápů, donašečů,
a dva roky před koncem války
poslali všechny do Osvětimi.

Můj táta a jeho bratři
šli po železničních kolejích
do Polska. Po celé cestě
přibírali romské uprchlíky.

Můj táta a jeho bratři
chystali útok na Osvětim
jako naši předci, když
kradli koně gádžům.

Můj táta a jeho bratři
se vplížili do Osvětimi
v noci 1. srpna 1944
a donutili SS k ústupu.

Ale židé nebyli bojovníci,
nechtěli se vzpírat,
tak s námi tu noc uteklo
jenom 300 cikánů.

Můj táta a jeho bratři
zachránili skoro celou rodinu,
skoro všechny příbuzné před plynovou
komorou, ale ne před Čechy.

My father and his brothers
died of old age before the
Velvet Revolution, before the
skinheads were turned against us.

My father and his brothers
would have known what to do
today. And now we think about them
every time one of us is picked off.

But there is a time and place
for everything, and soon, very
soon, Romany Cobra will turn
every skinhead into a cinder

blacker than our faces.

Můj táta a jeho bratři
zemřeli stářím před
Sametovou revolucí, dřív než
proti nám nastoupili skini.

Můj táta a jeho bratři
by dnes věděli, co dělat.
A teď na ně myslíme pokaždé,
když unesou někoho z nás.

Ale všechno má svůj čas a místo
a brzy, velmi brzy,
Romská Kobra udělá
z každého skina škvarek

černější než naše tváře.

CONTENTS
OBSAH

Introduction (Fedor Gál) ~10
Úvod (Fedor Gál) ~11

Postcard From Prague ~12
Pohlednice z Prahy ~13

Where? ~16
Kde? ~17

Work We Couldn't Refuse ~18
Práce, kterou jsme nemohli odmítnout ~19

A Child's Job ~22
Dětská práce ~23

The Camp Doctors And A Good Guard ~26
Doktoři v táboře a hodný dozorce ~27

Černý, Pešek And Hejduk ~28
Černý, Pešek a Hejduk ~29

Josef Hejduk ~30
Josef Hejduk ~31

How Many? ~32
Kolik? ~33

Brothers From Auschwitz ~34
Bratři z Osvětimi ~35

The Czech Solution ~36
České řešení ~37

My Father Told Me ~38
Táta mi povídal ~39

Memorabilia ~42
Memorabilie ~43

Květa's Return ~44
Květin návrat ~45

The Pig Farm ~46
Prasečák ~47

I Thought I Had Survived ~48
Myslela jsem, že jsem přežila ~49

A Survivor ~52
Bývalá vězeňkyně ~53

Living Through It Twice ~54
Dvakrát tím samým ~55

The Monopole Bar In Brno ~56
Monopolní bar v Brně ~57

That Night Of The Pigs ~58
Noc prasat ~59

Prague By Night ~60
Noční Praha ~61

No Job ~62
Není práce ~63

A Sinti Mother Speaks ~64
Sintská máma vypráví ~65

Gypsy Lament ~66
Cikánský nářek ~67

Ode To A Romany Editor ~68
Óda na romského redaktora ~69

Under The Scattered Bones Of Pigs ~70
Pod roztroušenými prasečími kostmi ~71

They Should Be Named ~74
Měly by mít jména ~75

Iron Gates ~78
Železná vrata ~**79**

Romany Requiem ~**80**
Romské rekviem ~**81**

Why Gypsies Stole Children ~**82**
Proč cikáni kradli děti ~**83**

Lety Revisited 1995 ~**84**
Znovu v Letech 1995 ~**85**

Homeless ~**88**
Bezdomovec ~**89**

Lety Images 1996 ~**90**
Obrazy z Letů 1996 ~**91**

Killing Me ~**92**
Zabíjejí mě ~**93**

A Romany In Prague ~**94**
Rom v Praze ~**95**

Auschwitz ~**96**
Osvětim ~**97**

Searching For Their Souls ~**104**
Hledá jejich duše ~**105**

Lety Silence 1997 ~**108**
Letské ticho 1997 ~**109**

Gypsy Diaspora ~**112**
Cikánská diaspora ~**113**

Romany Cobra ~**116**
Romská Kobra ~**117**

Paul Polansky

■

LIVING THROUGH IT TWICE
Poems of the Romany Holocaust (1940-1997)

DVAKRÁT TÍM SAMÝM
Básně o romském holocaustu (1940-1997)

Copyright © Paul Polansky, 1998
Translation © Miluš Kotišová, 1998

Odpovědný redaktor: Róbert Gál
Redakce českého překladu: Ivan M. Jirous
Obálka, grafická úprava a sazba: Joachim Dvořák
Fotografie na obálce: Karel Cudlín
Tisk: Tiskárna Akcent s.r.o., Vimperk

Vydalo nakladatelství G plus G
jako svou 22. publikaci.
G plus G, Čerchovská 4, Praha 2
Vydání první • Praha 1998

ISBN 80-86103-11-0
EAN 978-80-86103-11-2